MELIHA STARK
Gefühlserleben

MELIHA
STARK

Gefühls erleben

LYRIK & POESIE

Hinweis

In diesem Buch werden Themen wie Gewalt,
Depression und Tod angesprochen.

Bibliografische Information der Deutschen
Nationalbibliothek:
Die Deutsche Nationalbibliothek verzeichnet diese
Publikation in der Deutschen Nationalbibliografie;
detaillierte bibliografische Daten sind im Internet über
http://dnb.dnb.de abrufbar.

Covergestaltung und Innendesign:
Annika Schüttler, Woodlice Designs (www.woodlice.de)

Verlag:
BoD · Books on Demand GmbH, In de Tarpen 42,
22848 Norderstedt, bod@bod.de
Druck:
Libri Plureos GmbH, Friedensallee 273,
22763 Hamburg

ISBN: 978-3-75977492-7

Inhaltsverzeichnis

Für meine kleine Seele

»Ich hätte niemals gedacht, dass ich überlebe.

Und doch tue ich es!«

Der nächste Schritt

Es war lange Zeit – und ist es manchmal noch heute – eine Herausforderung für mich, meine Gefühle auszuhalten. In mir herrscht oft ein wildes Chaos, das ich nicht entschlüsseln kann. Inzwischen habe ich Fortschritte gemacht. Die Knoten beginnen sich zu lösen. Allmählich kehrt Ordnung ein. Doch die Elemente des Chaos bleiben: Wunden, unerfüllte Bedürfnisse und Gefühle, die nach Ausdruck verlangen.

Jetzt heißt es für mich, damit zu leben.
Und das ist oft alles andere als leicht. Manchmal überwältigen mich die Emotionen wie eine Welle; ein anderes Mal schaffe ich es, sie vor mir herzuschieben – doch nur bis zu dem Moment, an dem es nicht mehr geht.

Dann stehe ich plötzlich vor einer riesigen Welle und kämpfe darum, nicht zu ertrinken. Inzwischen bin ich eine geübte Surferin geworden – oft bleibe ich fest auf meinem Brett. Früher war das anders. Doch ich habe hart trainiert.
Und wie?
Indem ich gelernt habe, mit meinen Gefühlen zu leben – wirklich zu *leben*. Sie zu fühlen, wahrzunehmen und zu validieren, vor allem durch mich selbst. Das klingt immer so einfach, doch der Weg ist ein fortlaufender Prozess, voller Rückschläge und Ausdauer.
Eine Art, Umgang mit Gefühlen zu finden, ist das Schreiben. Es ist ein wunderschönes Mit-

tel, um das zu kommunizieren, wofür es sonst schwierig wäre, einzelne Worte im Gespräch zu finden. Eine Person hilft mir hierbei auch ganz besonders:
Ayla.

Nachdem Ayla im ersten Teil ihrer Reise die Mauern ihres inneren Schlosses erkannt und sich befreit hat, steht sie nun vor der Herausforderung, in der neuen Welt zu überleben.
Nach Jahren der Gefangenschaft fühlt sich die Freiheit für sie fremd und voller Unsicherheiten an. Sie bringt neue Herausforderungen mit sich, die ihr zuvor nicht bewusst waren. Viele unerwartete Veränderungen treten auf. Diese zu verarbeiten und zu verstehen, erfordert enorme Kraft und Mut.

Oft verspürt sie den Wunsch, in die vertrauten Mauern zurückzukehren. Diese bieten zwar keine wirkliche Sicherheit, sind aber bekannt. Doch dem Drang zu widerstehen, dorthin zurückzufliehen, ist harte Arbeit.

Wie Ayla mit diesen neuen Erfahrungen umgeht, zeigen die folgenden Gedichte und Texte. Auch sie sind ungeordnet, sowohl in ihrer Form als auch in ihrer Botschaft. Sie spiegeln die Höhen und Tiefen einer Reise wider, die noch lange kein Ende findet.

Eure Meliha

◊ ◊ ◊

Schau dich an,

wie weit du gekommen bist.

Vergiss jedoch nicht,

dass dies der Anfang ist!

◊ ◊ ◊

Flucht

Das Schreiben scheint mich zu retten,
vor Schatten, die mich niederzwingen.
Um ihr Gift lege ich Ketten,
damit sie niemals Kontrolle erringen.

Denn heute habe ich die Macht,
um zu entscheiden, wieso ich lebe.
So hat der Ehrgeiz mich entfacht
und trägt mich leicht in Traumes Schwebe.

Alt Bekanntes

Eine Reise in die Vergangenheit
zeigt ganz viel Schmerz und Leid.
Eine Reise in die Vergangenheit
zeigt ein Kind, das hilflos schreit.

Aber es ist die Vergangenheit.
Denn heute habe ich die Wahl,
um mich befreien
aus der einstigen Qual.

Kein Glück

Erfolg ist kein Glück,
du erkämpfst dir das Stück für Stück.
Deine Mühen werden sich auszahlen
und du wirst vor Stolz erstrahlen.

Kindliche Wunden

Ich suche das Glück,
falle aber immer weiter zurück.
Möchte mein Leben nicht verschwenden,
aber das Leid scheint nicht zu enden.

Verloren im Schmerz
ist zerbrochen das kindliche Herz,
daher bleibe ich liegen,
das Schlechte scheint gerade zu siegen.

Ein Lächeln will ich schenken,
meine Kraft in die richtige Richtung
lenken.
Doch der Tank ist leer
und die neuen Benzinpreise wiegen
schwer.

Also was kann ich machen,
um ganz bald wieder zu lachen?

Fortschritt

Um Fortschritte zu sehen,

ist es wichtig, immer weiterzugehen.

Weg ins Glück

Ich fühle mich wie ein kleines Kind,
hoffnungslos verloren im Labyrinth.
Dabei suche ich doch den Weg ins Glück,
stattdessen falle ich immer weiter zurück.

Verrat

Ein Dämonenkuss auf meiner Haut
bleibt fortan bei mir zurück.
So habe ich dem Falschen vertraut.
Gestohlen war mir mein kindliches Glück.

Herzenstor

Wenn das Licht angeht,
der Schmerz vergeht,
kommt die Freude hervor
und schießt in dein Herzenstor.

Mut

Wir tanzen im Regen,
sind dem Unglück erlegen.
Trotzdem setzen wir ein Lächeln auf
und nehmen den Kampf in Kauf.

Denn der Dämon hat uns auserwählt
und nun werden wir vom Leid gequält.
Das soll uns aber nicht abhalten,
ein Leben nach unseren Wünschen zu
gestalten.

Dafür müssen wir mutig sein
und uns Flügel verleihen.
So werden wir ganz stark
und sind in unserem Leben autark.

Bestimmung

Leise flüstert eine Stimme in meinem Ohr,
sie schenkt mir Hoffnung und Mut.
Die Worte schießen in mein Seelentor
und entfachen eine neue Glut.

Mit ihr erschaffe ich meine Werke,
meine Träume gehen in Erfüllung.
Der alte Schmerz wird zur neuen Stärke.
Nun folge ich meiner Berufung.

Kleines Wunder

Das Kind hätte niemals gedacht,
dass es später auch mal lacht.
Viele Tränen sind geflossen
und es ist im Kummer ergossen.

Nun entdeckt es das Glück.
Ein Gefühl, das lange war verborgen.
Es ist ganz von ihm entzückt
und möchte für ihn sorgen.

Zuvor nie vorstellbar,
auch mal fröhlich zu sein.
Aber das Leben zeigt klar:
die Sonne ist wieder am Schein'.

Auch mal Pause

Es ist ein langer Tag
und ich habe keine Kraft mehr.
So sehr ich auch Kämpfen mag,
wiegen die Schmerzen zu sehr.

Ich fühle mich sehr benommen.
Meine Seele spaltet sich.
Meine Selbstbestimmung wurd'
genommen
und der Kummer ertränkt mich.

Ich schließe meine Augen
und lasse mich in die Dunkelheit ziehen.
Denn ich scheine im Hier nichts zu taugen.
Deswegen versuche ich zu fliehen.

An einen Ort, ganz sacht,
der mir etwas Ruhe vermacht.
Für paar Stunden einfach nur „sein"
und ich bin nur mein.

Strudel

Innerlich will ich schreien,
viele Gefühle stauen sich.
Ich muss sie befreien,
sonst überrollen sie mich.

Denn ich scheine der Last zu erliegen.
Ich kann dem nicht mehr standhalten.
Ich beginne mich zu bekriegen
und höre nicht auf, mich zu spalten.

Es tut in meinem Herzen so weh,
dieses einsame Leid zu ertragen,
dass ich mein Schicksal nicht versteh'
und Angst habe, klar zu versagen.

Eine Menge Tränen

Die Angst erschlägt mich.

Tränen fließen im Fluss.

Fliehen scheitert kläglich.

Gebannt vom Teufelskuss.

Durst nach Freude

Warmer Regen auf meiner Haut
berührt meine kalte Seele.
So wurde mir die Freude geklaut,
sodass ich nun diesen Weg wähle:

Der Ehrgeiz ist erweckt
und ich mache mich auf.
Wo hat sich die Freude versteckt?
Wo gibt es sie im Kauf? –

Es schmerzt so sehr,
zu wissen, dass mir etwas fehlt.
Ich versteh´ keinen Spaß mehr,
wenn man mich bestiehlt.

Kleiner Augenblick

Die Sonne geht unter,
warmer Wind bewegt mein Haar.
Für ´nen Moment bin ich munter,
ohne zu spüren, was einst geschah.

Alte Ketten

Ich erlebe das Leben
mit all seinen Facetten.
Doch der Schmerz bleibt kleben
und legt mich in Ketten.

Heimat

Heimat ist dort,
wo sich dein Herz verliert.

Heimat ist dort,
wo der Stress passiert.

Heimat ist dort,
wo deine Kraft sich reaktiviert.

Heimat ist dort,
wo dich alles fasziniert.

In mir

Ich spüre nichts

… wobei …

Ich spüre einen Brei,
aus verschiedenen Gefühlen.
Muss sie sortieren,
muss mit ihnen hantieren.
Darf mich nicht in ihnen verlieren!

Frühlingsmorgen

Wenn der Vogel früh lacht,
weißt du, dass die Sonne bald erwacht.

Wenn der warme Frühlingsduft dich
umgibt,
weißt du, dass bald jemand liebt.

Wenn die Blätter im Grüne strahlen,
weißt du, dass bald Kinder freudig
prahlen.

Wenn die Maus im Walde lauscht,
weißt du, dass er sein Kleid austauscht.

Wenn die Blumen zu blühen beginnen,
weißt du, dass die Pollen ein neues Zuhaus'
gewinnen.

Wenn die Mütter freudig hüpfen,
weißt du, dass endlich die Kleinen
schlüpfen.

So schließe deine Augen und horche hin.

Fühle den Frühling und seinen Sinn.

Setze ein Lächeln auf und fühl' dich gut.

Denn du bist des Glückes Mut.

Bis zum letzten Atemzug

Ich kämpfe bis zum letzten Atemzug.

Es ist der Ehrgeiz, der mich bis hierhin trug.

Ruf nach Glück

Wir wollen alle glücklich sein.
Doch wir wühlen uns eher im Leid
als uns zu befreien
und zu sehen, was uns Flügel verleiht.

Alle nur zusammen

Ich wünschte,
wir würden allen Gefühlen Platz schenken,
stattdessen lassen wir uns nur
von den lauten lenken.

Suche nach Heimat

Das Kind in mir möchte Heimat finden,
irrt es doch lange in der Dunkelheit.
Seine Hilfeschreie scheinen nicht zu
verschwinden.
So sucht es nur nach Liebe und
Geborgenheit.

Schwere

Der Schmerz ist wie ein Stein,
festklebend und schwer
und bin ich mit ihm allein,
so sehe ich kein Ende mehr.

Überstehen

Es gibt Zeiten,
die uns brechen.

Es gibt Zeiten,
die uns schwächen.

Es gibt Zeiten,
die uns quälen ...

.... und du kurz davor bist,
dir dein Leben zu nehmen.

Doch wenn das alles überstanden ist,
merkst du, wie stark du geworden bist.

Kleine Magie

Gefangen in der Dunkelheit,
scheint das nächste Licht noch so weit.
Dennoch hältst du kurz inne
und hörst eine magische Stimme.

Sie schenkt dir Kraft und Mut.
Die Magie, sie tut dir gut.
So willst du ohne sie nicht weiterleben
und dich nur ihrem Gefühl hingeben.

Dennoch erkennst du nun,
was ist jetzt zu tun.
Du musst neue Wege einschlagen,
um bald neue Farben zu tragen.

Gestärkt von der kleinen Magie
sammelst du viel neue Energie.
So kreierst du deine eigene Welt,
in der sich nur die Freude zu dir gesellt.

Dankbarkeit

Der Himmel erleuchtet in vielen Farben.
Die Dunkelheit macht keine Angst.
Dennoch zwicken alte Narben,
aber trotzdem: du dankst.

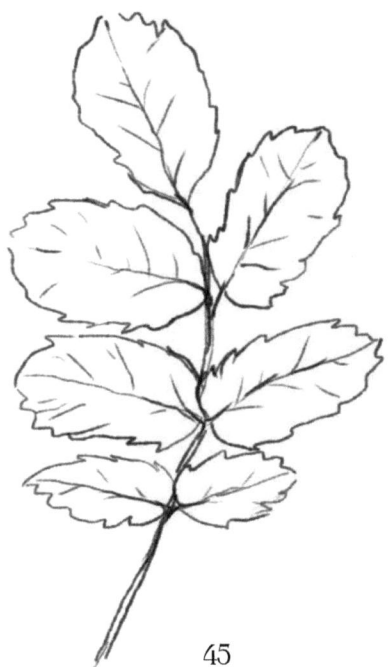

Ruhe

Ein Moment, in dem alles ruht
und mich Wohlsonnen behütet.
Endlich geht es mir gut;
kein Sturm mehr, der in mir wütet.

Neuer Start

Du denkst, du hättest alles verloren.
Stattdessen wirst du neu geboren.

Ein Atemzug

Meine Welt bleibt still.

Wie soll es nun weitergehen?

Nichts läuft so, wie ich will.

Ich kann das nicht mehr ausstehen.

Wieder ein Schock.

Momente, die den Atem rauben.

So fühle ich mich wie ein Sündenbock,

ich höre kurz auf, ans Gute zu glauben.

Stattdessen:

ein kräftiger Atemzug.

Es war mein Stolz, der mich hierhin trug.

Ein letztes Mal

Es sollte das letzte Mal sein.

Das letzte Mal,

wo du meine Grenzen nicht beachtest.

Das letzte Mal,

wo du mich schwer verletzt.

Aber ich dulde es.

Weiterhin.

Ohne mich aus den Fesseln zu befreien.

Worauf warte ich?

Auf dich?

Durchbruch

Egal wie dunkel es ist,
gibt es irgendwo ein kleines Licht,
das dir zeigt, wer du bist
und deine Mauer bricht.

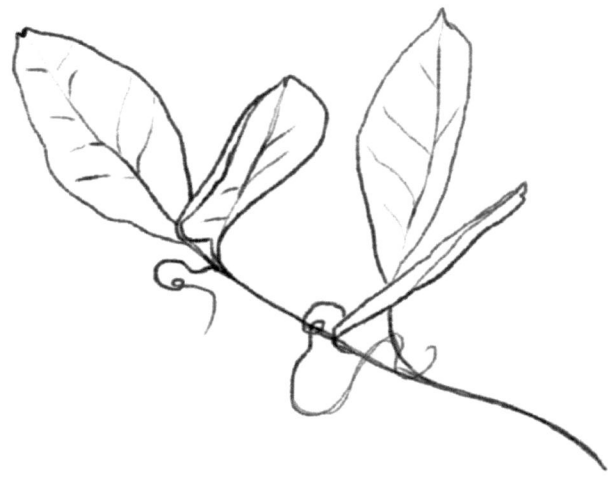

Ein hoher Preis

Ich erreiche viel.
Das weiß ich.
Dafür zahle ich auch viel.
Aber das siehst du nicht.

So wähle deine Worte weise,
wenn du mit mir sprichst.
Denn ansonsten weine ich wieder leise,
weil du mein kleines Herz zerbrichst.

Wir wissen nicht,
welche Pakete wir Menschen tragen.
Wir sehen nicht,
womit sich andere im Leben rumschlagen.

Künstlerin

Wieder überwältigt von meinen Gefühlen,
nehme mir nun Zeit, mich in ihnen zu
wühlen.
So verstehe ich das innere Gefälle
und reite sicher auf einer einst so hohen
Welle.

Fang an

Wenn du weißt,
was du willst,
dann los:

Du bist die Einzige, die dein Weg
bestreitet.
Die Einzige, die dein Leben leitet.

Ins Licht

Das Leben ist zu kurz,
um sich Sorgen zu machen.
Früh genug kommt schon der Sturz,
dann gibt es nichts mehr zu lachen.

Noch stehe ich auf der Klippe,
gesprungen bin ich nicht,
Was mich hält, bleibt in der Mitte,
so will ich aber ins Licht.

Diagnose

Ich entscheide mich zu bleiben.
Aber das Schicksal hat andere Pläne.
Noch bevor ich schaffe, meinen Kummer zu
vertreiben,
fällt schon bald meine letzte Träne.

Dabei hatte ich doch eben erst
entschieden,
alles nachzuholen, was mir genommen
wurd´.
Jahrelang hatte ich mein Glück gemieden
und viel Schreckliches erduld'.

Noch gibt es Hoffnung für mich.
Es hängt viel von mir ab.
Wieder einmal ist das Schicksal
unerklärlich
und hält mich auf Trab.

Kleiner Tanz

Ich sitze auf dem Boden,
kann meine Tränen nicht aufhalten.
Während die Geister in mir toben,
beginne ich mich zu spalten.

Ich entführe mich in eine Welt,
in so eine, wie sie mir gefällt.
Ohne Schmerzen und ohne Leid
und tanze in meinem schönsten Kleid.

So bin ich wieder mal ein Kind,
das endlich das gewinnt,
wonach es lange bitter schreit:
ein Leben in Sicherheit.

Steh' auf, Mädchen

Ich weine.

Ich lache.

Ich weine.

Bin motiviert.

Ehrgeizig.

Will kämpfen.

Ich weine.

Ich lache.

Ich verzweifle.

Fühle mich alleine.

So weiß ich doch,

muss meine Krone wieder richten

und dann befreie mich aus meinem Loch.

Du selbst

Nach jedem Sturz geht es weiter.
Selbst wenn du kurz in dich gehst
und die Situation wieder nicht verstehst,
bist du dein eigener Lebensleiter.

Irgendwann

Ach,

ich wünschte,

du hättest mich befreien können.

So wie du es mir versprochen hattest.

Es war niemals deine Schuld.

Auf keinen Fall.

Doch manchmal wünsche ich mir,

dass es alles einfach nie geschehen wär´.

Aber vielleicht musste es so kommen,

damit ich das Verborgene sehen kann.

Niemand hat mir mein Ich genommen

und der Schmerz wird besser

– irgendwann.

Flucht

Das kleine Mädchen versteckte sich
und wollte nicht aus ihrer Ecke.
Denn die Außenwelt war für Ayla
bedrohlich,
der Teufel war nämlich eine fiese Zecke.

In Ruhe lassen wollte er sie nicht.
Deswegen musste sie weiter ausharren.
Vielleicht sieht sie ja das Licht
und hört auf, leere Wände anzustarren.

Wieso musste gerade ihr das passieren?
Was hatte sie bloß verbrochen?
Sich ständig im Gewitter zu verlieren
und das kleine Herz laut am Pochen.

Ändern konnte sie ihr Schicksal nicht
mehr.
Aber vielleicht gab es ein Ende.
Das wünschte sie sich zumindest sehr.
Bis dahin schützen sie diese Wände.

Bereit

Ich will nichts mehr verpassen,
mein Leben nach meinem Willen gestalten
und den Schmerz hinter mich lassen,
um die Freude bei mir zu halten.

Mittendrin

Ohne zu wissen, wer genau ich bin,
lande ich im Chaos

... und bin mittendrin.

Innere Stärke

Die Kraft in mir
ist stärker als gedacht.
Denn ich stehe immer noch hier
und habe mein Feuer entfacht.

So kann ich stolz auf mich sein.
Denn in dunkler Stunde
hielt ich mich nicht für klein
und ertrug die schwere Wunde.

Erst wenn wir Schwächen sehen
und sie als Teil von uns akzeptieren,
werden wir einiges verstehen,
anstatt uns in Selbstmitleid zu verlieren.

Träne

Eine Träne fällt.
Schon wieder.

Eine Träne fällt.
Die Seele schwer.

Eine Träne fällt.
Innerlich alles leer.

Eine Träne fällt.
Weitere folgen.

Eine Träne fällt.
Wann wird's enden?

Nie wieder.

Schweres Paket

Ich packe in meinen Koffer,

allerlei Sachen.

In erster Linie Traumata.

Aber ist okay.

Bin ja immer noch da.

Ein Kompromiss

Hallo Schmerz,

ich hätte niemals gedacht,
dass du mein engster Begleiter wirst.

Doch nun ist es so,
ich kann das nicht ändern.

Deswegen ist es wichtig,
dass wir uns einander gewöhnen, ja?

Du kriegst deinen Raum.
Das verspreche ich dir.
Aber du nimmst mir nicht meinen Traum
und schenkst dennoch Leben mir.

Wenn wir gemeinsam meinen Körper
teilen,
können wir zusammen auf diesem Planeten
verweilen.

Ich werd´ mich mit dir arrangieren
und mich dennoch in der Lebenslust
verlieren.

Abgemacht?

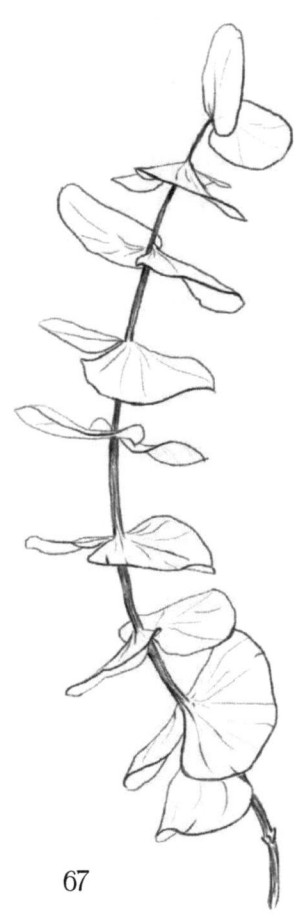

Gleiches Recht für alle

Fehler sind menschlich.

Fehler können passieren.

Fehler sind natürlich.

Fehler sind zu tolerieren.

Ich werte niemanden ab,

weil er Fehler macht.

Denn ich kann das doch verstehen.

Aber nur bei mir nicht.

Denn dann fühle ich mich inkompetent,

wie eine Versagerin, schäme mich

und fühle mich so fehl am Platz.

Herzlichen Glückwunsch

für diese Doppelmoral.

Kleiner Monolog

Denkst du, ich bin stark?

Aber warum frage ich dich?

Weil ich unsicher bin.

Super, na toll und jetzt?

Fühl ich mich denn stark?

Manchmal.

Manchmal auch sehr schwach.

Dann bin ich allein.

Aber manchmal,

kann ich auch alles sein.

Ein Kind

Die kleine Maus war im Kindergarten.
Fand es schön, mit den anderen zu
spielen.
Sie konnte es kaum erwarten,
sich in ihren Gedanken zu verlieren.

Dort kreiert sie ihre bunte Welt.
Sie ist die kleine Königin.
Liebe ist das, was am stärksten zählt
und der Spaß der Gewinn.

Sie will nie mehr weg,
Sie fühlt sich so frei.
Es ist ihr Versteck.
Sie genießt die Spielerei.

Denn dort ist sie vor allem eines:
noch ein Kind.

Vielleicht

Schau mir doch in die Augen.

Was genau siehst du?

Eine starke Frau?

Vielleicht.

Aber habe ich dir mal erzählt,

wie gerne ich mich,

in deine Arme fallen lassen würde,

um den Schmerz mal kurz zu teilen?

Manchmal

Weißt du,

manchmal glaube ich nicht,

dass sich alles zum Guten wendet.

Dann habe ich Angst,

dass es für mich bitter endet.

Aber eben nur manchmal.

Lichtblick

»Das schaffst du.«

Dieser eine Satz so einprägsam –
während einhundertmal der andere kam:

»Du schaffst das nicht.«

Die erste hatte Recht.
Für alle anderen ist es doof gelaufen.

Unerklärlich

Kann mir einer erklären,
wie man es wagen kann,
Kinderseelen zu schlagen?

Nein?
Ich auch nicht.

Trotzdem

Ich kann dir nicht böse sein,

obwohl du mich verletzt hast.

Ich war noch sehr klein,

trotzdem

hast mir ein kleines Trauma verpasst.

Aus der Puste

Das innere Feuer brennt – noch,
zieht mich jedes Mal aus meinem Loch.
Dennoch erlischt meine Flamme immer mehr.
Denn mittlerweile sind meine Kraftreserven leer.

Während andere Lachen und gemeinsam sind,
bin ich innerlich noch ein Kind.
Die Seele einst gebrochen mal,
keine Sicht von dem Ende der Qual.

Ich setze ein Lächeln auf
und begehe mich ins Abenteuer.
In der Hoffnung, anderen Licht zu schenken,
versuche dabei,
mein blutendes Herz zu verstecken.

Höre auf dich

Höre auf dein Herz.

Zeige Geduld.

Pass auf dich auf.

Beweise Mut.

Tue dir gut.

Nur du bist du.

Keiner kann dich ersetzen.

Also kämpfe für dich.

Ewigkeit

Ein Kind,
geboren im Feuer.
Wird gerettet.

Doch die Narben
bleiben ewig.

Ich weiß es doch

Ich weiß,
du willst, dass ich bleibe.

Ich weiß,
du lässt mich nicht allein.

Ich weiß,
ich mache dich glücklich.

Du wünschest dir sehr,
dass ich mich in den gleichen Augen sehe
– wie du mich.

Aber ich kann nicht.
Nicht mehr.
Die Last wiegt einfach
viel zu schwer.

Eine Bitte

Lasst mich gehen.
Ich kann nicht mehr.
Niemand kann mich verstehen.
Doch die Batterien sind einfach leer.

Immer weiter gemacht.
Das Beste aus der Situation geholt.
Doch wer hätte gedacht,
dass sich Leid ständig wiederholt?

Bitte lasst mich gehen.
Will doch nur befreit sein.
Werde an deiner Seite stehen.
Bloß als Engelsschein.

Eine Frage

Denkst du, irgendjemand will mich?
Mit all meinen Paketen?
Während selbst ich es nicht schaffe,
das auszuhalten?

Immer weiter

Immer wieder gewagt.
Jetzt hat sich das ausgezahlt.

Paar Worte

Übermüdet.
Allein.
Glücklich.
Klein.

Du

Du hast mich kaputt gemacht.

Fühle mich so wertlos,

so unbrauchbar,

so fruchtlos.

Du zerstörtest

einen Teil meiner Seele.

So glaube mir,

ich kriege ihn nie wieder.

Narben verblassen vielleicht,

aber heilen nie ganz.

Und du?

Lebst dein Leben.

Während ich

in der Ecke stehe

und mich verkrieche

von der bösen weiten Welt,

die mir immer wieder zeigt,

dass sich nur der Teufel

zu mir gesellt.

Dissoziation

Ich öffne meine Augen,
starre ins Leere.
Meine Gedanken schweifen,
scheine zu nichts zu taugen.

Atme leise tief ein
und lasse mein Blick schweifen.
Langsam sehe ich mein
Leben vor mir gleiten

Die Welt bewegt sich.
Aber ich bin still.

Geheimnis

Wenn ich dir eines verraten dürfte:
Dann, dass ich dich mag.

Also pass bitte auf dich auf.

Niemals dein

Du kannst mir nicht mehr wehtun,
weil ich eine starke Frau geworden bin.

Du kannst mir nicht mehr wehtun,
weil ich mein Leben gewonnen habe.

Du kannst mir nicht mehr wehtun,
weil ich meine Träume verfolge.

Du kannst mir nicht mehr wehtun,
weil ich so stark gewachsen bin.

Ja, du hattest die Kontrolle. Etliche Male.
Aber ich kann dir versprechen,
dass mein Leben niemals dein geworden
ist.

Kluft

Wie absurd kann das Leben sein?
Einerseits das Leid,
anderseits das Glücklichsein.

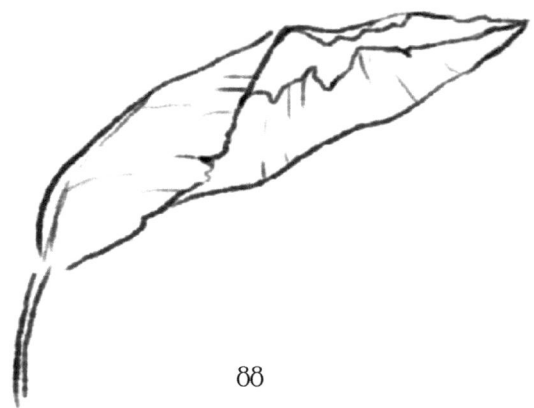

Rückblick

Liebes Jahr,

Du hast mich einiges gelehrt,
mir meine Grenzen aufgezeigt,
mich mit Mut und Glück geehrt,
mir verborgene Kräfte erteilt.

Somit danke ich dir,
mit dem verletzten Kind in mir.
Vielleicht aber stehen wir
das nächste Mal gemeinsam hier.

Mich

Ich schaue in den Spiegel
und sehe mich.

Ich schaue in den Spiegel
und sehe Kummer und Leid.

Ich schaue in den Spiegel
und sehe Ekel.

Ich schaue in den Spiegel
und sehe ein hübsches Kleid.

Ich schaue in den Spiegel.
und sehe mich.

Gewachsen

Ich möchte dir sagen,
dass du stark bist.
Ich möchte dir sagen,
dass du mächtig bist.

Vielleicht fällst du in Ohnmacht,
weinst aus Angst.
Doch niemals hättest du gedacht,
dass du trotzdem deinem Leben dankst.

Ich möchte dir daher sagen,
dass du stark bist.

Innere Stimme

Nach all den Jahren habe ich endlich
kapiert,
was du mir sagen willst.
Fast wäre ich einst daran krepiert,
weil du mich manchmal so drillst.

Ja, manche Dinge ergeben Sinn,
wenn wir aufhören, fieberhaft danach zu
suchen.
Erst dann erhalten wir den Gewinn
und hören auf, über uns zu fluchen.

Unter Zwang zu sein, ist eben schwer,
Dennoch müssen wir uns davon befreien.
Erst dann beginnt das Schicksal mehr,
uns Lichtblicke zu verleihen.

Druck

Eine Träne fällt.
Die zweite folgt ihr nach.
Die dritte ist gleich hinterher.
Und schon versinken weitere
in ein kleines Meer.

Erst später wird jedoch klar,
dass das die Befreiung war.

So lass deine Tränen fließen,
versprochen,
die Freude wirst du bald auch genießen.

Kein Mitleid

Schau mir ins Gesicht.
Ich brauche dein Mitleid nicht.

Ich bin vielleicht die Zerbrechliche
oder die Ängstliche.

Das arme Ding,
gefangen im Teufelsring.

Übersäht mit Schmerzen
und einem gebrochenen Herzen.

Ja, das alles gehört schon zu mir.
Dennoch stehe ich heute hier.

Als eine Überlebende
und stetig weiter Kämpfende.

Also, ja. Ich brauche dein Mitleid nicht.
Aber wie wäre es mit *Mitgefühl?*

Halte dich fest

Ich möchte dich in meinen Armen halten,
dir zeigen, dass du nicht alleine bist.
Dabei alle Gefahren ausschalten,
damit du Sicherheit gewinnst.

Du glaubst es nicht,
aber du wirst überleben.
Halte dich ans kleine Licht
und beginne zu schweben.

Verliere dich in deine Fantasie.
Erfülle dir deine Träume.
Spüre die Magie
und schaffe sichere Räume.

Halte durch!
Ich bin in Gedanken bei dir,
mein liebes Kind.
Im Herzen immer bei mir.

Anders

Eines Tages öffnete Ayla ihre Augen
und schaute sich im Zimmer um.
Sie konnte es nicht glauben
und wurde plötzlich ganz stumm.

Ihr Bett stand nicht mehr im
Teufelszimmer,
sondern in einem Haus neuer
Erinnerungen.
Sie dachte, es ginge nicht mehr
schlimmer,
doch sie realisierte nun Veränderungen.

Sie hatte sich befreit.
Geschafft einst zu fliehen.
Langsam fühlte sie sich bereit,
nicht mehr vor ihren Peinigern zu knien.

Plötzlich hielt jemand ihre Hand,
erschrocken sieht sie die Person an.
Ihr Wesen blieb ihr unerkannt,
sie merkte aber, wie sie Wärme gewann:

»Ich lasse dich nicht allein.
Den Weg werden wir gemeinsam gehen.
Du darfst endlich sein
und das Glück vor dir sehen.«

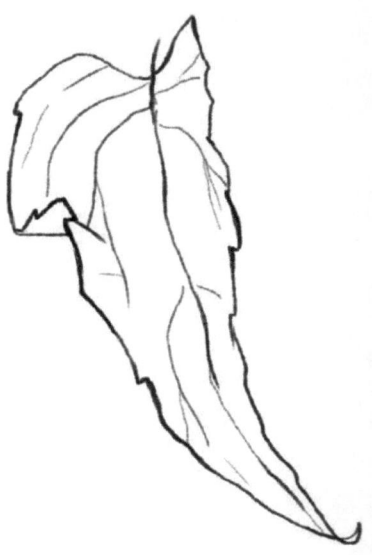

Verlassen

Ich habe keine Kraft.
Lass mich nicht allein.
Ohne dich hätte ich es nie geschafft,
wieder frei zu sein.

Wie soll es weiter gehen?
Nun bin ich auf mich allein gestellt.
Was muss noch geschehen,
damit wieder mein Licht erhellt?

Einfach normal

Ich will eine normale Frau sein,
voller Lebensfreude von Innen schein´.
Mit den anderen tanzen und lachen,
die verrücktesten Dinge machen.

Nicht mehr mich mit Schmerzen plagen,
über Leid und Beschwerden klagen.
Ich will einfach essen gehen,
ohne dass mich Schmerzen quälen.

Eben das, was man so mag,
als junger Mensch an einem Tag.
Doch mir sei das verwehrt,
dass man mir Leichtigkeit lehrt.

Ich will einfach eine junge Frau sein.
Einfach nur.

Wagemutig

Ich möchte wagen,
neue Schritte zu gehen.
Nicht mehr zu klagen,
sondern bloß verstehen.

Noch nicht in Sicht

Ich weiß wirklich nicht mehr weiter.

Trotzdem,

klettere ich die Leiter.

Denn irgendwann werde ich sehen,

was hinter dem Dach

und den Bergen gibt zu verstehen.

Hilfeschrei

Ich will nicht sterben!
Hör' auf mich zu quälen.
Du stürzt mich in mein Verderben.
Ich versuche vergebens,
einen anderen Weg zu wählen.

Beginne zu leben

Es ist schwer,
in mir ist es leer.
Verloren stehe ich da
und nichts ist mir klar.

Verantwortung soll ich tragen,
die richtigen Schritte wagen.
Auf meinen Herzen soll ich hören
um das Glück zu beschwören.

Denn ich bin kein Kind mehr,
gewachsen bin ich sehr.
Also, Mädchen, lebe jetzt dein Leben.
Niemand wird es dir zurückgeben.

Weitermachen

Gib niemals auf,
auch wenn alles gegen dich spricht.
Es nimmt seinen Lauf
und bald siehst du das kleine Licht.

Solange es brennt,
wird es dich tragen
und fördern dein Talent.
Das Glück wird sich überschlagen.

Aber dafür darfst du nicht aufgeben.
Niemals.
Auf dich wartet ein ganzes Leben.

Überraschung

Niemals hätte ich gedacht,
wo ich heute stehe.
Niemals hätte ich gedacht,
dass ich mal Liebe sehe.

Niemals hätte ich gedacht,
das schwarze Gewitter zu überleben.
Niemals hätte ich gedacht,
mir selbst wieder Mut zu geben.

Niemals hätte ich gedacht,
ehrlich vor Freude zu schein´.
Niemals hätte ich gedacht,
aus tiefstem Herzen glücklich zu sein.

Etwas Neues

Mich hat das Fieber erwischt.

Ich glühe vor mich hin.

Wer hat sich da in mein Leben

eingemischt,

dass ich verdammt nochmal verliebt bin?

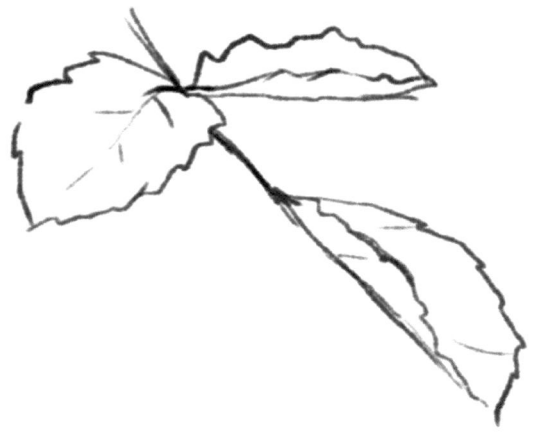

Beide Seiten

Ich bin Studentin.
Ich bin Tochter.
Ich bin Schwester.
Ich bin Freundin.

Ich bin engagiert.
Ich bin talentiert.
Ich bin motiviert.

Ich bin aber auch krank.
Ich bin verletzt.
Ich bin geschwächt.
Ich bin ermüdet.
Ich bin eingeschränkt.

Schließt sich das alles aus?
Ich meine nicht.
Denn alles darf sein
und gehört zu mir.

Hoffnungsschimmer

Die kleine Ayla lächelt vor sich hin.
In ihrer verdreckten Kleidung, eingesperrt.
Denn in all dem Wahnsinn
wird ihr ein Blick in die Zukunft gewährt.

Dort sieht sie dich.
Kann ihren Augen nicht glauben.
All ihre Träume erfüllen sich,
trotz deiner jetzigen müden Augen.

Eure Blicke treffen einander.
Du erschrickst für einen Moment.
Langsam bewegt ihr euch zueinander.
Ihr seid nicht mehr getrennt.

Eine leichte Träne fällt.
Realisierst du nun doch,
du bist ihr einzig wahrer Held
und sie kämpft in ihrem Loch.

Du schenkst ihr Mut.

Sie weiß nun, sie wird es überleben.

Es wird alles irgendwie gut

und es kann sowas wie Freiheit geben.

Du hältst sie fest bei dir.

Trägt sie in deinem Herzen.

Für sie bist du nun hier

und zündest ihre Kerzen.

Kleiner Appell

Mein liebes Kind, komm zu mir.
Heimat schenken will ich dir.
Dir Mut geben
und mit dir Freude erleben.

Dafür mache immer weiter,
klettere die Stufen der Leiter.
Ich halte sie dir oben fest,
wenn du mich zu dir lässt.

Du bist nicht allein.
Traue nicht dem Schein.
Das Gewitter will nicht weiterziehen,
glaube mir, du wirst dem Terror entfliehen.

Vielleicht musst du etwas Geduld zeigen
und noch eine Weile schweigen.
Der richtige Moment wird dich erwarten
und dein Leben wird dann richtig starten.

Vor dir liegt ein ganzes Leben.

Selbst wenn es scheint, kein Ende zu geben.

Du wirst Freude und Licht sehen,

deinen Sinn endlich verstehen.

Kuss

Die Liebe küsst mich ganz sacht,
damit Freude in mir erwacht.

Nur ein Teil

Weißt du,

ich bin krank.

Sehr.

Werde nicht mehr gesund.

Aber das ist okay.

Ist mein Leben,

gehört dazu.

Versuche nun mein Bestes zu geben.

Ist okay.

Wirklich.

Es ist ein Teil von mir.

Aber zum Glück

nicht *ich.*

.

Schmetterlinge

Denkst du eigentlich genauso an mich,
wie ich an dich?

Nicht bereit

Ich will noch nicht gehen,

auch wenn es sich so anfühlt,

als würde der Tod vor mir stehen.

Schweres Gewicht

Ich habe starke Schmerzen.
Jede Berührung tut mir weh.
Als würde das Universum mit mir
scherzen,
damit ich bloß keine Freude seh´.

Mein Körper strengt sich an,
insgesamt ist es trotzdem schwer.
Ein Umstand, für den niemand kann,
doch trotzdem fühle ich mich leer.

Ich will doch befreit sein.
Mich schwerelos fühlen,
aus den Ketten mich befreien,
mich in den Wolken wühlen.

Schlechter Scherz

Du willst mich holen,
aber das will ich nicht!
Bitte, Tod, lass mich los.
Mein Ende ist mir nicht in Sicht.

Ich bin doch erst angekommen.
Das darf nicht sofort vorbei sein.
Habe ich doch erst jetzt begonnen,
voller Lebenslust zu schein´.

Gekämpft habe ich viel.
um mich aus den Fesseln zu befreien.
Nur damit der nächste Zug auf mich fiel
und in mir beginnt zu gedeihen?

Versteckte Furcht

Ich habe noch viel zu sehen
und viel zu erleben.
Beginne, mitten im Leben zu stehen
und mir das größte Geschenk zu geben.

Dennoch flüstert mir eine Stimme ins
Ohr:
»Wenn es am schönsten ist,
stolzierst du durchs Himmelstor!«

Da dämmert es mir ein.
Die Angst ist da.
Wird es wirklich so sein?
Oder ist noch nichts klar?

Vergebung

Weißt du?

Ich vergebe dir.
Aber nicht für dich,
sondern ganz allein
nur für *mich*.

Hinter einem Lächeln

Ich lächle.

Aber du siehst nicht, dass

... ich innerlich schmerzgeplagt bin.

... ich viele Probleme gleichzeitig manage.

... meine Dämonen mich manchmal einholen.

... mich alte Bilder mir die Lebensfreude rauben.

... ich mit meinen Erkrankungen kämpfe.

... ich dennoch versuche, das Beste zu geben

... ich hoffe, dabei ganz normal zu leben.

Gleichzeitig soll ich aber deine Pakete
auch noch tragen.
Weil du mich eben nicht siehst.

Mehrere rufen meinen Namen.
Ich schaue nach rechts und links.
Scheine niemanden gerecht zu werden.

Kann zumindest einer – und nur einer – fragen,
wie es mir innerlich wirklich geht?
Dass bald bei mir ebenfalls nichts mehr steht?

Meine Ressourcen werden leer,
aber erwartet wird noch mehr.

Ich lächle, weil ich lächeln will.
Aber trotzdem ist es in mir still.
Ich lächle, um zu leben.
Aber trotzdem bleiben dunkle Flecken kleben.

Ich lächle breit.
Doch trotzdem trage ich tiefe Traurigkeit.

Weißt du?
Auch *ich* brauche Arme,
in die ich mich fallen lassen kann.

Denn immer stark zu sein,
ist verdammt anstrengend.

Ist verständlich, oder?

Vertrauen

Ich vertraue dir,
zeige dir viel von mir.
Ich warte auf dich,
so wie du einst auf mich.

Aber ...

wer sagt, dass es nicht nur Schein ist?
Dass das alles stimmt?
Dass du nicht der Teufel bist?

Gewinn

Auf eine ganz paradoxe Art und Weise
hast du gezeigt,
wie wertvoll ich bin.

Ein »Dankeschön« verdienst du trotzdem nicht.

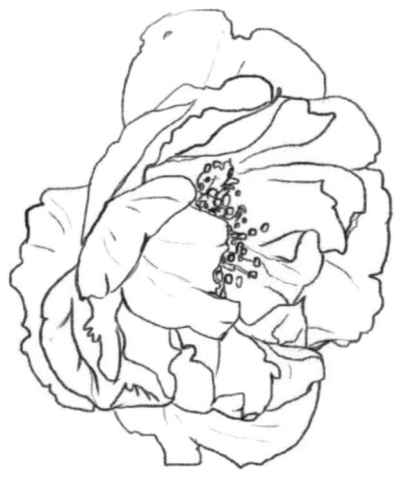

Bewusstsein

Weißt du eigentlich,
was du mir angetan hast?

Ist dir das klar?

Weißt du eigentlich,
wie schlimm das alles war?

Weißt du eigentlich,
dass ich immer noch an alles denke?

Und du vermutlich einfach weiterlebst.

Weißt du das?

Halt

Ich halte mich fest
und bin froh,
dass sich mein Kind trösten lässt.

Unterstützung

Lass mich nicht gehen.
Der Tod will mich holen.
Du scheinst ihn nicht zu sehen.
Er hat mich zu ihm befohlen.

Lass mich nicht gehen.
Denn ich fürchte mich sehr.
Es ist schwer, seinen Worten zu widerstehen,
aber dann gibt es mich nicht mehr.

Lass mich nicht gehen.
Alleine kämpfe kann ich nicht.
Wenn wir beide gegen ihn stehen,
gibt es vielleicht noch Licht.

Paradoxon

Wie sehr wollte ich immer diese Freiheit.

Das war mein größtes Ziel.

Nun habe ich diese Klarheit.

Aber jetzt

... ist es fast schon zu viel.

Bitte

Hey du,
ich bin bei dir,
Vielleicht verzeihst du mir?

Du hast lange gewartet.
Viel im Leben ist dabei ausgeartet.

Doch jetzt bin ich da
und schenke dir Kraft.

Anspannung

Ich fühle mich schwach.
Zerbrechlich.

Gedanken über Gedanken.
Kreiseln sich.

Erinnerungen, Bilder ploppen auf,
schlechte Erfahrungen, schwere Gefühle.

Suche nach Erklärungen, Lösungen.
Denk nach! Denk nach!
Ich finde aber nichts.

Unter Zwang. Unter Verantwortung.
Für mich und andere, Familie.

Anstrengend, viel Stress, die nächste Zeit.
Ich möchte nicht.

Nicht immer überleben müssen,
auch mal *leben* dürfen.

Seit Jahren in Hoffnung,
doch immer wieder, Fallen.

Aufstehen. Weitermachen.
Ins Leere blicken.

Die Zügel in der eigenen Hand,
doch das Pferd ist schwer zu bändigen.

Der Tag zieht sich,
starke Stimmungsschwankungen.
Langeweile, keine Freude, Erschöpfung.
Leere.

Wie soll ich es aushalten?
Sag ich seit Jahren.
Ich bin da.
Immer noch.

In der einen Sekunde will ich leben,
in der anderen Ruhe finden.

Ich bin komisch, passe nicht rein.
Finde meinen Platz nicht.

Wunsch nach Ruhe, Frieden, Stressfrei.
Vergesst mich doch.
Lasst mich gehen.

Weiterprobieren, nächste Schritte wagen.
Das Eis wird sich brechen.

Starkes Mädchen.

Niemals aufgeben.

Wird schon.

Irgendwie.

Versuch

Mein Herz so verschlossen,

Leben so verdrossen.

Jemandem Eintritt gelassen,

doch gleich wieder verlassen.

Bald

Endlich will ich leben,
bunte Farben sehen.
Mich der Freiheit geben
und mein Ich verstehen.

Endlich,
das ist meine Zeit,
die mich bald heilt.

Unverständnis

Du hast mich verletzt.
So mag ich auf dich wütend sein.
Bin ich vom Verhalten doch entsetzt,
fühle ich mich gleichzeitig so klein.

Aber ich kann das nicht.
Gegenüber dir spüre ich Leere.
Wut ist da nicht in Sicht.
Getroffen bleibt die Kinderseele.

Stattdessen schaue ich dich fassungslos
an,
Ich werde nie verstehen,
wieso ein Mensch so sein kann,
sich an anderen zu vergehen.

Höllenruf

Hey Tod,
wie geht's dir?
Irgendwie denke ich,
du willst die ganze Zeit mich.

Ist es das?
Dass ich nach all dem Schmerz,
bald das Leben verlass'?

Warum bist du hier?
Und mir so nah,
wenn ich nie das Problem war?

Soll ich gehen?
Willst du mir mein Leben stehlen?

Oder mir endlich die Ruhe schenken,
nach der ich mich so sehne?

Heilung

Wieso hat mir niemand gesagt,
wie schwer Heilung wirklich ist?

Nichts mit »Hier Pille«.
Alles klar.

Heilung heißt Schmerzen. Leid.
Mehr Tränen. Neid.

Verwirrung. Klarheit.
Beides zusammen.

Zwei Schritte nach vorne,
drei nach hinten.

Das wird ein Spaß.
Wird sehr zerren.

Selbstbewusstsein

Selbst – bewusst – sein

Sich selbst über sich bewusst sein.

Was ist schon Selbstbewusstsein,
wenn wir nicht unser selbst bewusst sind?

Keine Vorwarnung

Wieso hat mir keiner gesagt,
wie schmerzhaft Gefühle sein können?

Wieso hat mir keiner gesagt,
wie schwer es ist, am Leben zu bleiben?

Wieso hat mir das keiner gesagt?

Hätte ich das dann versucht?

Eben den Weg zu gehen,
durch Feuer und Wasser.

Hätte ich das getan,
wenn ich gewusst hätte,
wie viele Tränen ich verliere?

Warum mache ich das dann,
immer weiter
ins Dunkle zu gehen.

In der Hoffnung,
bald irgendwann
Heilung zu sehen.

Weil du

Ein Licht soll für dich scheinen.
Nur allein für dich.

Denn das verdienst du.
Weil du es bist.

Parathym

Ich lächle, während ich weinen will.
Ich weine, während ich lächeln will.

Passt irgendwie nicht zusammen,
stimmt´s?

Schatten

Du bist mein Schatten auf dieser Welt.
Denn du lässt mich nie allein.
Auch wenn mir das nicht gefällt,
lässt du es nicht sein.

Du hast mich erwählt,
immer an deiner Seite zu stehen.
Doch damit hast du mich gequält
und begonnen, mein Leben zu stehlen.

Verschwinden sollst du – für alle Male.
Doch darauf hörst du wieder nicht.
Wieso auch?

Zusammenhalt

Ein wenig Liebe für dich,

ist ein großer Segen für mich.

So sehe ich dich doch gerne strahlen

und dich vor Stolz prahlen.

Dein Fortschritt ist auch mein.

Vergiss nicht, du bist niemals allein!

Zusammen sind wir ganz.

Du erstrahlst in vollem Glanz.

Nicht mehr wie früher

Geflohen vor der Schicksalsnacht
ist das Kind in mir erwacht.
Es weitet seine Augen groß
und sucht Trost auf meinem Schoß.

Zum Glück kann ich ihm das geben,
so schafft es, das Schlimme zu überleben.
Ich beschütze das Kind nun
und keiner kam ihm mehr was tun.

Moment

Für einen Moment bleibt meine Welt
stehen
und ich schaffe es, in mich zu gehen.
Ich genieße diese Ruhe sehr
und schwebe leicht im Wolkenmeer.

Endlich

Freude überrennt mich.

Das erste Mal seit Wochen.

Endlich kommt das Glück

mal aus seinem Versteck gekrochen.

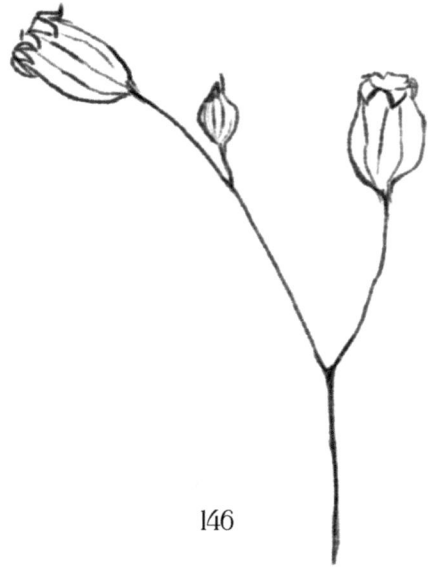

Erfahrungen

Ohne dich fühle ich mich so leer.

Aber mit dir erkenne ich mich nicht mehr.

Also bin ich ohne dich nicht ich

und lebe aber mit dir nur für dich.

Not

Will sprechen.

Kann das nicht.

Zu schwer die Gedanken,

die mich ins Bette zwingen –

während draußen

die Frühlingsglocken erklingen.

Versteckt

Du strahlst in schönster Farbe.

Tief verdeckt hältst du deine Narbe.

Trotzdem schenkst du allen ein Lächeln,

ohne zu wirken,

als würdest du schwächeln.

Wunder

Ich fühle mich so leicht
und trage weiterhin den Schmerz.
Auch wenn es einem Wunder gleicht,
geht es weiterhin aufwärts.

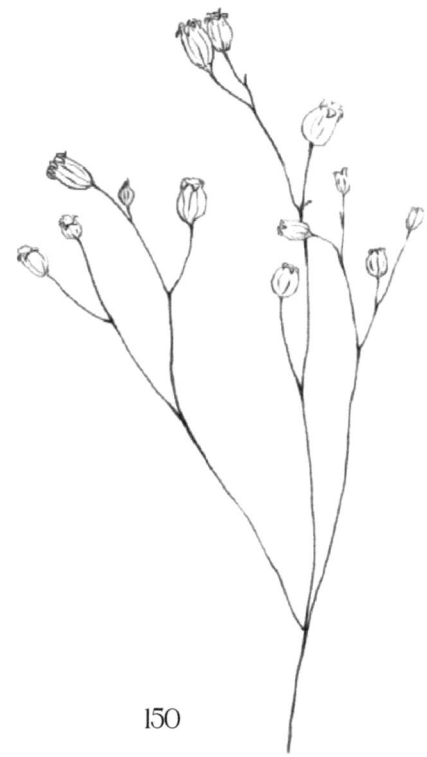

Wir

Ich sehe dich.
Du bist bei mir.
Nun fragst du mich:
Wo war das wir?

Fast ertrunken im Meer
sah ich das Offensichtliche nicht.
Dadurch verlor´ ich mehr,
mein kleines, persönliches Licht.

Nun halte ich dich bei mir,
für ein neues, starkes *Wir*.

Auch in dir ist ein kleines Licht,

das dir deine Dunkelheit bricht.

Danksagung

Ich hätte nie geahnt, welchen Weg mein Leben nehmen würde. Umso dankbarer bin ich für all die Menschen, die mich auf dieser Reise begleiten und bereichern. Es erfüllt mich mit tiefer Freude, so viel Unterstützung und Liebe erfahren zu dürfen.

Das Schreiben ist mein Zufluchtsort – ein Ort, an dem Gedanken fließen und Worte eine Heimat finden. Es war mir eine Freude, dich für einen Moment dorthin einzuladen. Ich hoffe, dieser kleine Einblick hat dir gefallen und vielleicht sogar den ein oder anderen Gedanken in dir angestoßen.

Besonders möchte ich mich bei meinem wunderbaren Team bedanken! Ohne euch und eure Unterstützung wären Projekte wie dieses nicht möglich. Danke, dass ihr stets an meiner Seite steht, mir zuhört und mit euren Worten meinen Tag erhellt.

Der größte Dank aber gilt dir:
Vielen Dank, dass du dieses Buch gelesen und mir deine Zeit geschenkt hast. Das bedeutet mir wirklich viel!

Passt auf euch auf & behaltet euren Mut!
Meliha Stark

Über die Autorin

Meliha Stark ist 2000 geboren und in der Nähe von Hamburg aufgewachsen. Schon als Kind hat sie Gedichte und Geschichten geschrieben.

Lange hat sie ihre Worte heimlich verfasst. Jedoch ist dies ein wichtiger Teil ihres Lebens, den sie mittlerweile nicht mehr missen möchte. Das Schreiben ist für sie die Sprache ihrer Seele, mit der sie es schafft, die Herzen anderer zu berühren.

Meliha Stark erreicht ihr über:

E-Mail: meliha.stark@gmx.de
Instagram: @meliha.str